라면 공부책

만들면서 배우는
라면의 모든 것

라면 공부책

정원 글 • 박지윤 그림

초록개구리

차례

엄마 아빠 없을 땐 역시 라면! ○ 6

1. 물 끓이기 ○ 12

국수에서 인스턴트 라면까지 • 20
전쟁 뒤에 탄생한 식품, 라면 • 21
우리나라 최초의 라면 • 22
라면을 건강하게 먹으려면? • 23

2. 수프 넣기 ○ 24

한국 최초의 라면은 매운맛이 아니었다고? • 30
라면 수프는 무엇으로 만들까요? • 31
라면은 어떻게 만들까요? • 32

3. 꼬불꼬불 면 넣기 ○ 34

라면 면발이 꼬불꼬불한 이유 • 42
더 간단하게, 컵라면 • 43
우리나라 컵라면 역사 • 44
컵라면 용기는 무엇으로 만들까요? • 45

4. 달걀 물과 대파 넣기 ○ 46

미디어로 퍼져 나가는 라면 • 52
라면에는 우리나라 대표 음식이 숨어 있어요 • 53
다른 나라에도 라면이 있다고? • 54

라면 완성! ○ 56

삼 남매표 라면 끓이기 ○ 60

엄마 아빠 없을 땐 역시 라면!

　오늘은 특별한 날. 엄마 아빠가 갑자기 약속이 생겼대요. 게다가 이웃에 사는 이모도 없어요. 평소 같았으면 엄마가 이모에게 우리 저녁을 부탁했을 텐데, 이모도 여행을 갔거든요. 오늘 저녁은 우리끼리 해결해야 해요. 엄마는 배달 음식을 시켜 주겠다고 했어요.
　"괜찮아요. 배달비도 비싼데 뭘요."
　"볶음밥 해 두고 갈까?"
　아빠도 걱정스레 물었지만, 우린 한목소리로 사양했어요.
　"정말 괜찮아요."
　"그럼 어쩌려고?"
　"밥솥엔 밥이 가득하고, 냉장고엔 반찬이 있고, 저기 라면도 있잖아요."
　큰누나가 작은누나와 나를 향해 의미심장한 눈빛을 보냈어요.

"맞아요. 라면도 있고, 뭐. 걱정 마세요."

엄마는 단념하는 듯한 얼굴로 말했어요.

"꼭 밥 한 숟갈씩은 먹어야 해."

엄마는 냉장고를 열어 김치와 장조림과 달걀말이가 담겨 있는 반찬 통을 보여 주었어요.

"당연하죠!"

나는 씽긋 웃으며 엄마 아빠를 번갈아 안아 주었어요.

"그럼 믿고 다녀올게!"

엄마 아빠가 현관문을 열고 나갔어요. 엄마는 나가는 순간까지 뒤돌아보며 큰누나를 향해 거듭 얘기했어요.

"꼭 밥 먹어!"

문이 딸각 잠기자, 큰누나는 휘파람을 불며 춤을 추었고, 작은누나는 자기 방으로 쏙 들어가더니 마이크를 가지고 나왔어요.

"누나들, 밥 안 먹어? 배고픈데."

"있어 봐."

작은누나인 채나 누나는 평소에도 엄청 춤추고 노래하며 노는데, 뭘 새삼스럽게 엄마 아빠 외출했다고 신이 나는지 모를 일이었어요. 작은누나가 아이돌 그룹의 노래를 검색해서 틀자, 큰누나인 채원 누나가 마이크를 뺏어 들었어요. 누나들은 뛰고 어깨를 들썩이고 팔을 뻗고 엉덩이를 흔들며 신나게 춤추고 노래했어요. 역시 엄마 아빠가 없으니 더 특별했어요.

누나들을 따라 뛰고 노래하고 놀다 보니 배에서 꼬르륵 소리가 났어요.

"누나, 배고파."

큰누나는 계속 리듬을 타며 거실을 돌아다니다가 내 앞에 와서 말했어요.

"기다려. 세상에서 가장 맛있는 저녁을 차려 줄게!"

"기대는 안 되지만, 알았어."

"하여간 한마디를 해도 얄미워요, 꼬맹이."

작은누나가 큰누나를 거들며 내 머리를 콕 쥐어박았어요.

엄마 아빠가 없을 때 종종 있는 일이에요. 괜찮아요. 너무 사랑받는 막내의 설움이랄까. 세상에서 가장 맛있는 저녁이라는데, 좀 참아 볼까 해요.

어? 그런데 큰누나가 정수기 아래 냄비를 가져다 놔요. 정수기 버튼을 누르는데, 불이 들어온 걸 보니 550밀리리터 라면 물 버튼이에요.

"누나, 왜 라면 물 버튼이야?"

"기다려 봐! 나 먼저 비빔 라면 하나 먹고 저녁 먹자!"

"나도 한 입!"

"꼬맹아, 이거 되게 매운 거야!"

"아니야, 언니. 채완이 매운 거 진짜 잘 먹어. 우리보다 잘 먹을걸."

작은누나가 놀리듯 말했어요.

"맞아, 나도 매운 거 먹을 줄 알아."

나는 누나들만 보면 도전 정신이 솟구쳐요. 누나들이 하는 것보다 다 잘하고 싶어요.

우리는 그렇게 일단 매운 비빔 라면 하나를 먹었어요. 아, 정말 딱 한 개 있었기 망정이지 두 개 있었다면 큰일 날 뻔했어요. 먹을 수 있다고 땅땅 큰소리를 치긴 했지만, 그렇게 매울 줄 몰랐거든요. 설거지는 작은누나 담당. 큰누나는 본격적으로 최고의 요리를 준비해 보겠다고 부엌을 서성였어요. 나는 식탁 정리 담당. 식탁에 묻은 양념을 닦는데, 바닥에 떨어진 소스 봉지가 보였어요. 아까 작은누나가 나한테는 조금만 비벼 주고, 자기는 커서 다 비비는 거라고 그렇게 잘난 척을 하더니, 웬걸요. 소스가 아직 많이 남아 있잖아요. 흥, 잘난 척은! 오늘만 눈감아 주겠어!

1. 물 끓이기 — 라면 만들기

　세상에서 가장 맛있는 저녁이라더니, 큰누나가 아까는 한 번 눌렀던 정수기 버튼, 그 550밀리리터 버튼 말이에요, 그 버튼을 세 번 누르지 뭐예요. 라면 3인분을 끓인다는 얘기!
　"누나, 세상에서 가장 맛있는 저녁이 설마 라면이야?"
　"설마라니, 역시 라면이지."
　"큰누나는 설마와 역시의 뜻을 몰라?"
　"누나한테 또박또박 따지기는! 너무 잘 알아서 그렇지. 라면보다 맛있는 게 어디 있다고."
　나는 라면을 싫어하는 건 아닌데, 가장 맛있다고 하는 말에는 동의를 못 하겠어요. 하지만 별수 없잖아요. 내가 누나들한테 밥을 해 줄 수는 없으니까요.
　"나는 아까 엄마가 말한 김치, 장조림, 달걀말이에 밥 먹을래."

"그래? 그럼 라면 두 개만 끓일까?"

우리 집에서 내 별명은 밥돌이예요. 어린이지만 어른처럼 밥을 좋아하고 군것질은 잘 하지 않는다고 해서 붙은 별명이에요. 그런데 누나가 라면을 두 개만 끓일까, 하고 물으니 왠지 아쉬운 마음이 드는 거예요. 참 이상해요. 반드시 먹고 싶은 건 아니었는데, 또 못 먹을 수도 있다 생각하니 괜히 서운했어요. 그래서 나는 기어들어 가는 목소리로 말했어요.

"아니, 쪼금. 쪼금만 먹을래."

"그럼 세 개 끓인다! 남기면 안 돼!"

큰누나는 맨날 이런 식이에요. 엄마처럼 얘기해요. 안 되는 게 참말로 많아요. 특히 엄마 아빠 없을 때 말이에요.

큰누나는 냄비에 받아 둔 물에서 종이컵으로 한 컵 반 정도

— 물 끓이는 법 —

1. 냄비에 물 550ml를 담는다. (※1인분 기준!)

2. 가스레인지 위에 냄비를 올리고 불을 켠다.

를 뜨더니 개수대에 버렸어요. 라면 한 개를 끓일 때 적절한 물의 양은 보통 550밀리리터예요. 그러니 라면 두 개를 끓일 때는 1100밀리리터, 세 개를 끓일 때는 1650밀리리터일 것 같지만 그렇지 않아요. 큰누나가 그러는데 라면 개수가 늘어나고 물의 양이 많아지면 끓으면서 증발하는 양이 적어서 물을 적게 넣어야 한대요.

"박채완! 오늘은 네가 라면 끓여 봐. 4학년이면 이런 것도 할 줄 알아야지!"

나도 라면 끓일 줄 안다고!

작은누나가 식탁 끝에서 만화책의 책장을 넘기며 말했어요.

쳇, 나를 어린애 취급하다니. 나도 달걀프라이나 볶음밥 정도는 할 줄 아는데 말이에요. 그런데 사실 라면은 안 끓여 보긴 했어요. 난 밥과 반찬을 사랑하는 밥돌이니까요. 하지만 작은누나의 말에 나도 모르게 이렇게 외쳤어요.

"나도 라면 끓일 줄 알아! 오늘은 내가 끓여 줄게."

나는 냄비를 번쩍 들어 가스레인지 위에 올렸어요. 그리고 다이얼을 돌려 불을 켰지요. 그동안 어깨너머로 본 게 있으니 라면 정도는 끓일 수 있겠지요?

"언니, 오늘은 막내가 끓여 주는 라면 한번 먹어 보자."

작은누나가 씩 웃었어요. 큰누나는 걱정스러운 얼굴로 나를 내려다보았어요.

"누나, 걱정 마. 박채완이 누구야. 조심히 잘해 볼게!"

"아니, 나는 피 같은 라면이 어떻게 될까 봐 그러지."

아……. 내가 라면 끓이다 델까 봐 걱정하는 줄 알았는데 그게 아니었어요. 내 손에 맡겨진 라면이 걱정인 거였어요. 끙.

"아, 잠깐!"

작은누나가 다급히 말했어요.

"그 냄비 바꿔야 해. 내가 사랑하는 양은 냄비로!"

"아니야. 양은 냄비로 끓이는 게 맛있다지만, 나는 그냥 스테

인리스 냄비! 내 몸은 소중하니까."

큰누나가 이것만큼은 양보를 못 하겠다는 듯 세차게 고개를 저었어요.

"에이, 라면은 양은 냄비인데."

"작은누나, 왜 라면이 양은 냄비야? 라면은 라면이지."

"너 또 말장난할래?"

"아니, 궁금해서 그러지."

옆에서 보다 못한 큰누나가 끼어들어 설명해 주었어요.

"양은 냄비는 두께가 얇아서 음식물을 빨리 끓게 해 줘."

그러자 작은누나가 그 정도로는 부족하다는 듯 설명을 이어 갔어요.

"라면을 팔팔 맛있게 끓여 주는 거지. 빨리 식는다는 단점이 있지만, 냄비에 남아 있는 잔열이 없으니까 라면이 붇는 걸 막아 주겠지? 이 고귀한 양은 냄비를 옛날에는 없어서 못 샀다는 거 아니야. 하도 귀해서 집에 있는 놋그릇 여러 개랑 양은 냄비 하나랑 바꾸는 사람들도 많았대."

"어쨌든 라면은 이제 스테인리스 냄비야."

큰누나의 말에 작은누나가 어깨를 으쓱했어요.

"밥은 있지?"

"엄마가 해 두었다고 했잖아."

큰누나가 말했어요. 그러고는 전기밥솥의 플러그를 뽑았어요. 이건 또 무슨 상황이죠.

"누나, 밥솥 플러그는 왜 빼는 거야?"

"이미 늦었어, 찬밥은. 그래도 라면에 뜨거운 밥을 말아 먹을 순 없잖아."

"에이 뭐야. 난 따뜻한 밥이 좋단 말이야."

"그건 밥돌이 사정이고."

작은누나가 또 얄밉게 거들었어요.

"라면엔 찬밥이지. 그게 라면에 대한 예의! 요리라는 게 식탁에 두 개가 있어서는 안 돼. 사실 채완아, 밥도 그래. 넌 지금 반

찬에 밥을 먹어서는 안 돼. 라면엔 그냥 김치와 찬밥이라고! 네가 라면 앞에서 밥을 먹겠다고 하는 건, 돼지갈비를 두고 무나물을 먹겠다고 하는 거나 피자를 두고 새우칩을 먹겠다고 하는 거랑 같아."

"흥, 새우칩도 맛있는데······."

"새우칩이 맛없다는 얘기가 아니라······."

"알아, 알아."

나는 작은누나의 말을 자르고 냄비 위로 하나둘 올라오는 기포를 바라보았어요. 말은 평소와 같이 했지만, 라면과 찬밥을 생각해 보았어요. 따뜻한 라면 국물에 따뜻한 밥은 궁합이 별로이긴 해요. 누나들은 늘 치밀하고 강력한데, 라면 끓일 때 역시 마찬가지네요.

꼬르륵. 라면 물아, 어서 끓어올라라.

국수에서 인스턴트 라면까지

 1800년대 말 일본에 다른 나라 사람들이 드나들기 시작했는데, 요코하마에는 중국인들이 모여 살던 차이나타운이 있었어요. 이곳에는 '남경소바'라는 중국식 국수가 있었는데, 닭고기 육수에 면을 말아서 먹는 음식이었어요. 일본에 우동이라는 면 음식이 이미 있었지만, 가쓰오부시 육수가 아닌 닭고기·돼지고기·채소로 맛을 낸 중국식 국수는 큰 인기를 끌었어요.

 안도 모모후쿠는 국수를 빠르게 조리해서 먹을 수 있는 식품으로 만들고 싶었어요. 국수를 오래 보관할 수 있기 바랐고요. 그러다 타이완과 중국 남부 사람들이 더운 날씨를 견디기 위해 국수를 기름에 튀겨 보관하는 것에 주목하고 연구를 거듭했어요. 1958년, 안도 모모후쿠는 세계 최초의 인스턴트 라면인 '치킨 라멘'을 세상에 내놓았어요. '인스턴트식품'은 간단히 조리할 수 있고 저장하거나 가지고 다니기에도 편리한 식품을 말해요. 요즘은 수프가 면과 별도로 들어 있지만, 이 라면은 튀긴 면에 양념을 입힌 다음 건조한 형태였어요. 면을 그릇에 담은 다음 뜨거운 물만 부으면 3분 뒤 먹을 수 있었지요.

전쟁 뒤에 탄생한 식품, 라면

라면은 전쟁 이후 먹을 것이 없을 때 만들어졌어요. 1945년 제2차 세계대전에서 패한 후, 일본은 사람들이 끼니를 걱정해야 할 만큼 무척 가난했어요. 이러한 상황에 놓인 일본에 미국에서 대량으로 밀가루를 보내 주었는데, 일본인들은 처음엔 주로 빵을 만들어 먹었어요. 안도 모모후쿠는 빵이 일본인의 식생활과 잘 맞지 않는다고 생각하여 밀가루를 사용해 새로운 식품을 개발하려고 했어요. 그러다 동양인에게도 익숙한 면 요리를 떠올렸고, 그 결과 라면이 탄생했지요.

우리나라에서 처음 라면을 만든 식품 회사의 사장 역시 한국 전쟁 이후 지독한 가난 속에서 사람들이 꿀꿀이죽을 배급받으려고 늘어서 있는 모습을 보며 라면을 들여오기로 결심했다고 해요. 꿀꿀이죽은 여러 가지 먹다 남은 음식을 섞어 끓인 죽이거든요. 이때 역시 미국이 한국에 보내 준 밀가루로 라면을 만들었어요.

우리나라 최초의 라면

우리나라 최초의 라면은 1963년에 출시된 '삼양라면' 이에요. 삼양식품을 세운 전중윤 사장은 1960년대 초에 일본을 방문했다가 인스턴트 라면이 유행하는 것을 보고 사 먹어 보았어요. 맛도 좋고 뜨거운 물만 부으면 금세 한 끼 식사가 되는 라면이 우리나라 사람들에게도 인기를 끌 것이라고 생각했지요. 그래서 일본 식품 회사인 묘조식품 사장을 만나 라면 만드는 기술을 배우고, 제면기와 튀김기 등 라면 생산에 필요한 기계들을 사들였어요.

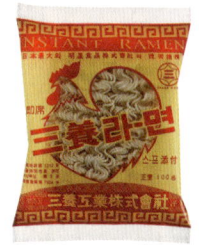

우리나라 최초의 라면

그 결과 1963년 9월 우리나라에서 처음으로 인스턴트 라면이 탄생했어요. 닭 육수로 맛을 낸 하얀 국물의 라면이었어요. 당시 삼양라면 한 봉지는 100g이었고, 가격은 10원이었어요. 그런데 처음 나온 라면은 생각보다 잘 팔리지 않았어요. 삼양식품은 서울역 앞, 극장 앞에서 라면을 무료로 나누어 주는 행사를 했어요. 요즘 대형 마트에서 쉽게 볼 수 있는 무료 시식 형태였지요.

라면을 건강하게 먹으려면?

라면은 인스턴트 음식의 대명사로 꼽혀요. 라면으로 먹는 한 끼 영양은 어떻게 될까요? 2020년 식품의약품안전처에서 발행한 식품 영양 성분 자료집에 따르면 라면 1개 550g의 열량은 450kcal예요. 여기에 탄수화물 75.1g, 단백질 9.5g, 지방 12.5g, 포화 지방산 4.5g, 트랜스 지방 0.00g 등이 있는데, 나트륨 함량이 1559.21mg으로 아주 높아요.

라면을 좋아하는 사람들은 라면을 건강하게 먹으려고 특별한 방식으로 라면을 끓이기도 해요. 양파나 양배추를 곁들여 끓여 먹으면 몸에 해로운 지방과 콜레스테롤 성분이 녹고 나트륨이 몸 밖으로 배출돼요. 국물에 우유를 넣으면 우유에 많이 들어 있는 칼륨이 나트륨을 몸 밖으로 내보내 주지요. 라면을 먹을 때 토마토·양상추·브로콜리 등으로 만든 샐러드를 함께 먹는 것도 좋은 방법이에요. 라면을 먹은 뒤 후식으로 과일을 먹으면 라면의 염분을 몸 밖으로 빼내는 데 도움이 돼요. 라면에 부족한 단백질을 보완하려고 고기나 달걀을 넣기도 하고, 면을 따로 삶아 기름이 둥둥 뜨는 물을 다 버린 뒤 새 물에 라면을 끓이기도 해요. 라면을 먹을 때는 나트륨이 녹아 있는 국물은 되도록 적게 먹는 것이 좋아요.

라면 1개
550g / 450kcal

탄수화물　　단백질
75.1g　　　9.5g

지방　　　　포화 지방산
12.5g　　　4.5g

트랜스 지방　나트륨
0.00g　　　1559.21mg

2. 수프 넣기
라면 만들기

"박채완! 라면부터 가지고 와야지."

작은누나가 또 식탁 앞에 앉아 명령을 내렸어요. 나는 한숨을 한 번 푹 내쉬고 찬장에서 라면 세 개를 가지고 왔어요. 이제 배가 고파서 싸울 힘도 없어요. 물에 보글보글 기포가 생기기 시작했어요. 봉지를 뜯고 물에 면을 넣으려고 하는데, 순간 큰누나가 내 손을 잡았어요.

"뭐 하려고?"

"라면 넣지 뭐 해."

"오, 노 노. 아직. 물이 더 끓어야 해. 면은 물이 팔팔 끓을 때 넣는 거야. 그리고 물 끓기 전에 수프를 먼저 넣어야지."

"언니는 꼭 그러더라. 나는 보이는 거 먼저 그냥 넣는데. 아니다. 주로 면을 먼저 넣는 거 같아."

"수프를 먼저 넣느냐 면을 먼저 넣느냐 그것이 문제로다!"

내 말장난에 작은누나가 만화책을 내려놓으면서 참견했어요.

"아니, 어차피 한 냄비에 같이 들어가는 건데 그게 뭐가 중요해? 아이참. 배고프다니까."

"동생들아, 너희는 아직 라면에 대한 철학이 없구나. 하긴 음식에 대한 철학을 갖기엔 좀 어리지. 라면이란 뜸을 들이며 세상에서 최고의 면 요리를 먹는다 생각하면서 끓여야 하는 거야. 마지막 대파 조금이 탁 화룡점정을 찍는 그 순간까지."

큰누나는 말을 늘 이렇게 어렵게 해요. 그래도 대파 얘기는 알아듣고 얼른 대꾸했어요.

"대파가 화룡점정이야? 나는 치즈."

"어쨌거나! 수프 먼저 넣어야 국물에 양념이 잘 퍼져서 면발에

수프 넣는 법

1. 김이 모락모락 올라오면 건더기 수프를 넣는다.
   (※데지 않게 조심!)

2. 물이 팔팔 끓어오르면 분말 수프를 넣는다.
   (※물이 뜨거우니 조심!)

골고루 라면 수프가 배는 거야."

"그래서 언제 수프를 넣으라는 거야?"

"지금."

우리가 티격태격 라면에 대한 깊이 있는 대화를 나누는 사이 물에 기포가 더 많아졌어요. 나는 큰누나 말대로 수프를 먼저 넣으려고 수프 하나를 집어 들었어요. 그 순간 또 큰누나가 내 손을 잡으며 비장한 눈빛을 보냈어요.

"노 노."

"수프 맞잖아."

"아니, 건더기 수프부터."

그냥 시키는 대로 하는 수밖에요. 다른 건 나도 누나들 못지않게 잘하고 잘 안다고 생각하지만, 라면만은 양보예요. 라면을 먹어도 백 그릇은 더 먹어 보았을 큰누나가 한 수 위니까요.

작은누나가 내 옆으로 쓱 오더니 라면 봉지를 눈앞에 가까이 들이댔어요.

"아, 왜 그래! 수프 넣는 데 방해되잖아."

"잘 좀 봐라, 봐. 라면을 지침대로 끓여야지! 설명이 괜히 있나. 라면에 라 자를 몰라요. 아직 어려서 그래."

"뭐? 내가 뭐가 어려! 이렇게 라면도 끓이는데!"

"시키면 제대로 해야 어른이지. 시키는 것도 제대로 못 하니까 어린애라고 하지."

나도 밖에 나가면 말 좀 하는 아이인데, 누나들한테는 상대가 안 돼요. 흥!

건더기 수프를 뜯으려고 가위를 찾았어요.

"뭘 찾아?"

작은누나가 물었어요.

"가위."

"가위는 왜?"

"수프 봉지 잘라야지."

"완이, 완이, 우리 완이. 정말 채완이는 배워야 할 게 너무 많아. 요리를 재빨리 맛있게 해야 하는데, 언제 가위 찾아 자르느냐는 말이지. 많은 연구자들의 결과물을 이용하면서 살란 말이야. 여기 톱니 모양 보이지? 이 톱니 모양에서 시작해 뜯으면 잘 뜯어지게 만들어진 거라고. 톱니 모양 중 패인 부분에 힘을 주면 봉지를 뜯을 때 들어가는 힘이 한 곳으로 몰려서 적은 힘으로도 쉽게 개봉할 수 있는 거야."

"그래? 나도 처음 듣는 얘기긴 하네."

"당연히 처음 듣겠지. 다들 라면 아저씨 유튜브 구독자가 아니실 테니까. 정보력으로는 내가 우리 집에서 최고지."

작은누나의 잔소리가 좀 얄밉기는 하지만, 대단한 건 사실이에요. 유튜브를 많이 본 덕일까요? 작은누나는 모르는 게 없어요.

건더기 수프 봉지를 가볍게 손으로 찢어서 냄비 위로 탈탈 털어 넣었어요. 뜨거운 김이 올라와 손이 델 것 같았어요. 두 번째 수프를 넣을 땐 손을 좀 더 높이 들었어요. 투명한 물 위로

바짝 말린 채소 조각들이 둥둥 떠 있는 모습이 바다 위에 뜬 튜브들처럼 화려해 보였어요. 조금 기다리니 물이 팔팔 끓었어요. 납작한 채소 조각들이 제법 커져 있어요. 이어서 분말 수프도 탁탁 털어 넣었어요. 투명했던 물이 빨갛게 확 더 끓어올랐어요. 매콤한 냄새가 부엌 전체에 퍼졌어요.

"그런데 왜 건더기 수프 먼저 넣는 거야?"

"건더기 수프는 마른 거잖아. 그걸 먼저 물에 넣어서 육수를 만드는 거지. 건더기 수프를 먼저 넣고 오래 끓이면 국물 맛이 진해져. 라면에서 가장 오래 끓여야 할 건 뭐?"

"건더기 수프!"

내가 대답했어요.

"그런데 사실 라면 회사마다 추천하는 조리 순서는 다 달라. 어느 회사는 분말 수프, 건더기 수프, 면 모두 한꺼번에 넣으라고 하고, 어느 회사는 건더기 수프부터 넣으라고 하고 말이야. 중요한 건 각자 입맛에 맞게 끓이면 된다는 말씀!"

작은누나가 척척박사처럼 말했어요.

매콤한 냄새가 더 진해졌어요. 엄마 아빠 없는 날 누나들끼리 부엌에서 무언가를 하고 있었을 때. 누나들끼리만 먹다가 내가 오면 입을 싹 씻던 그 순간. 그때 나던 그 냄새. 이제는 나도 그 대열에 끼다니, 뿌듯해요!

한국 최초의 라면은 매운맛이 아니었다고?

최초의 인스턴트 라면은 라면 봉지 안에 수프가 따로 들어 있지 않고, 뜨거운 물을 부으면 면에 이미 입혀진 양념이 우러나와 국물 맛을 내는 형태였어요. 그 후 일본의 다른 식품 회사에서 수프가 따로 포장된 '수프 별첨 묘조맛라면'을 출시했어요.

한국 최초의 라면은 이 '수프 별첨' 라면을 들여온 것인데, 이때의 라면 수프는 맵지 않았어요. 매운맛 수프가 개발된 건 당시 대통령의 조언 덕분이었어요. 한국인들은 매운맛을 좋아하니 라면 수프에 고춧가루를 첨가해 보라고 한 것이었지요. 그렇게 지금의 빨간 수프가 만들어진 거예요. 지금은 당연해 보이는 라면 수프지만, 처음 라면이 나왔을 때는 매운맛이 전혀 없었다니 참으로 뜻밖이죠?

라면 수프는 무엇으로 만들까요?

라면 종류마다 다르지만 수프는 크게 분말 수프와 건더기 수프로 나뉘어요.

분말 수프는 라면의 종류에 따라 다 달라요. 소고기로 맛을 내는 라면의 경우, 소고기를 끓인 물을 건조한 다음 분말로 만들어요. 이 소고기 가루에 고춧가루나 버섯 가루 등을 넣고 소금 등으로 간을 맞추면 라면의 분말 수프가 돼요. 우리나라에는 주로 고춧가루로 매운맛을 내는 라면이 많지만, 사골이나 된장 등을 기본 재료로 한 수프도 있어요. 매운 정도, 구수한 정도, 짠 정도, 색감 등을 어떻게 구성하느냐에 따라 다 다른 수프가 만들어져요.

건더기 수프는 라면의 맛을 결정하고 풍미를 더해 주는 중요한 첨가물이에요. 어찌 보면 과자 부스러기처럼 생기기도 했는데, 적은 양이지만 라면 국물을 차별화하는 중요한 요소예요. 보통 2~3g 정도의 건더기 수프는 고기, 대파, 당근, 청경채, 표고버섯, 고추, 미역, 양배추 등 여러 재료를 다져서 말린 것으로 이루어져 있어요.

라면은 어떻게 만들까요?

라면은 여러 공정을 거쳐 탄생해요.

맨 처음엔 꽃게 추출물이나 표고버섯 육수로 만든 배합수, 밀가루, 소금, 메밀가루 등을 섞은 후 반죽해요. 이 과정을 '배합'이라고 해요. 그다음 '압연' 과정에서는 반죽을 롤러로 얇고 넓게 펴 면대를 만들어요. 수분 증발을 막기 위해 온도와 습도를 계속 맞추어 주지요. 그다음 '제면' 과정에서는 제면기를 통해 넓적한 면대를 국수 모양 면발로 만드는데, 제면기에서 나온 면발의 속도보다 면발을 받아 이동시키는 컨베이어의 속도를 느리게 해서 꼬불꼬불한 면의 형태로 만들어요. '증숙' 과정에서는 꼬불꼬불한 면을 증기로 익혀요. 스팀 박스 안에서 면발을 100℃로 1분 30초에서 2분가량 쪄 내면 소화도 더 잘되지요. 익은 면은 찬물을 뿌려 식혀요. 그다음은 '절단' 과정으로, 면을 1인분씩 잘라요. '유탕' 과정에서는 자른 면을 140~160℃의 기름에 1분에서 2분 정도 튀겨요. 유탕 과정을 거치지 않고 바로 건조하면 '건면'이 돼요. '냉각' 과정에서는 튀긴 면을 낮은 온도에서 빠르게 식혀요. 그다음엔 면, 건더기 수프, 분말 수프를 봉지나 용기에 넣어 포장하지요.

라면 종류는 다양해서, 종류마다 만드는 과정은 조금씩 달라요!

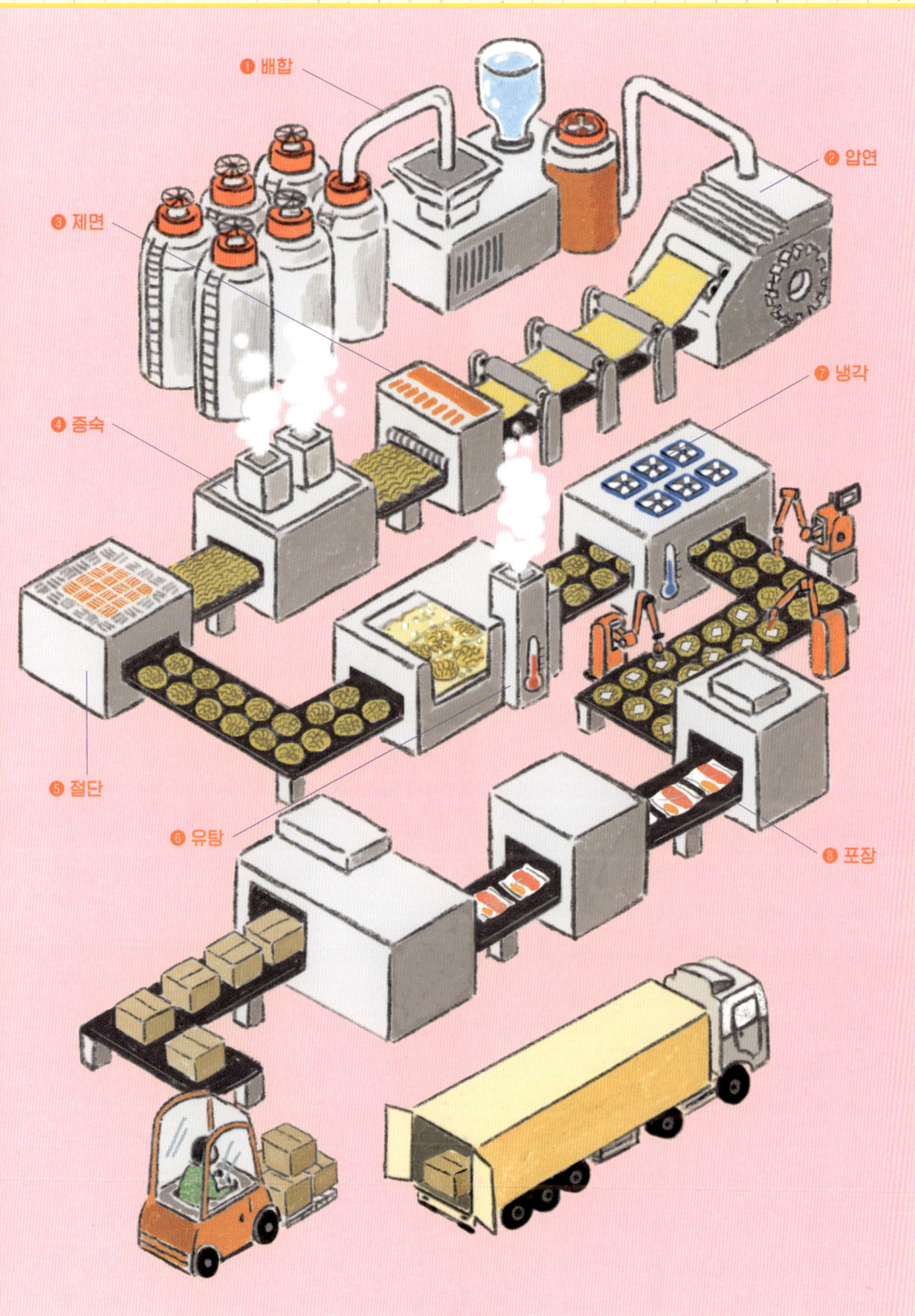

3. 꼬불꼬불 면 넣기
라면 만들기

이제 면을 넣을 차례예요.

작은누나가 말 한마디 없이 내 옆에 무언가를 탁 두고 갔어요. 타이머예요.

"잘 맞춰. 10초라도 지나면, 알지?"

"내 참. 협박 박채나라고 자알 알지."

"쪼그만 게!"

작은누나가 알밤을 콕 주었고, 나는 그걸 신호 삼아 면을 넣었어요. 뜨거운 김이 올라와서 서둘러 면을 넣다가 국물이 툭 튀고 말았어요. 한순간 하얀 옷에 붉은 얼룩이 몇 개

생겼어요. 엄마한테 한 소리 들을 예정이에요.

"그러니까 내가 아까 다 나처럼 하라고 했잖아. 세 개 가져왔는데 말을 안 듣고. 그러니 잔소리를 듣지. 몸도 고생하겠네? 그거 엄마한테 해 달라고 안 하고 네가 빨아야 하는 거 알지?"

"알아, 알아, 안다고! 작은누나는 진짜 말이 너무 많아."

"다 피가 되고 살이 되는 말이지. 새겨들으라고. 새겨들었으면 옷에 국물 안 묻었지."

작은누나는 입고 있는 세탁소 비닐을 탁탁 소리 나게 털어 보

면 삶는 법

1. 국물에 면을 넣는다. (※데지 않게 조심!)

2. 집게로 면을 들어 올렸다 내렸다 하면서 익힌다.

3. 3분 뒤 면을 꺼내 그릇에 담아 둔다.

4. 작은 그릇에 달걀을 풀고, 대파를 송송 썰어 둔다.

이며 잘난 체를 했어요. 그러게 말이에요. 아까 누나가 안방 옷장에서 옷 덮개용 비닐을 빼 와 팔 부분을 가위로 잘라서 주었을 때 무시하지 않았다면, 옷에 빨간 라면 국물이 묻을 일은 없었을 거예요. 하지만 어쩔 수 없어요. 이미 지난 일이에요. 게다가 누나의 세탁소 비닐 예찬은 정말 지겨워요.

"비닐 쓰면 환경 오염돼."

"어차피 버리게 되는 거 한두 번 더 쓰고 버리면 그게 지구 사랑이야. 요즘 패션계에서 유행하는 업사이클 모르나?"

"그만들 하고 면이나 잘 보시지."

큰누나가 끼어들었어요. 늘 그래 왔듯이 딱 알맞은 순간에요. 작은누나랑 나는 밤새라도 떠들 수 있어요. 빨간 라면 국물과 세탁소 비닐을 주제로 말이지요. 하지만 이제 그만. 라면에 집중해야 해요.

국물 속에 퐁당 빠진 면은 아직 네모 모양 그대로였어요. 나는 젓가락으로 면발을 휘저었어요.

"휘젓는 거 나 진짜 좋아하는데! 하지만 지금은 만화책이 더 좋아. 오늘은 박채완 담당!"

"성격도 참."

작은누나가 만화책을 덮고 다가와 내 머리를 콕 쥐어박았어요. 오늘만 열세 번째 알밤이에요. 으으.

"너, 손길이 너무 거칠다."

큰누나의 어처구니없는 한마디에 나는 큰누나를 올려다보았어요. 세상에, 라면 젓는 손길이 거칠다는 건 무슨 뜻일까요.

"그럼 어떻게 저어?"

나는 천천히 면발을 풀며 물었어요.

큰누나가 지지 않고 당연하다는 듯 대꾸했어요.

"면을 너무 세게 거칠게 휘젓잖아. 그러면 라면 면발의 녹말 성분이 너무 많이 나와서 국물 맛이 텁텁해져. 그건 라면 애호가들이 절대 용서할 수 없는 상태라고!"

"라면 애호가?"

"대박!"

작은누나와 나는 큰누나의 진심 어린 열변에 잠시 멍한 상태가 되고 말았어요. 라면을 그렇게까지 심혈을 기울여 끓여야 하는 걸까요.

큰누나는 젓가락을 뺏어 들더니 조심스럽게 살살 면발을 풀기 시작했어요.

"이렇게, 아기 다루듯 꽃송이 다루듯 살살 풀란 말이야."

그사이 온 집 안에 퍼진 라면 냄새에 홀린 듯 작은누나가 가스레인지 앞으로 왔어요. 내가 그렇듯 누나도 분명 배가 고파진 걸 거예요.

 큰누나가 면발을 보는 사이, 작은누나는 대파를 썰었고, 나는 달걀을 풀었어요. 만약 이 모든 과정을 혼자서 해야 한다면, 대파 썰기와 달걀 풀기는 미리 해 두는 게 좋을 것 같아요. 라면은 짧은 시간에 완성해야 하는 순간의 요리거든요!
 큰누나는 집게를 가지고 와서 면발을 들어 올렸다 다시 내렸

다 하기를 반복했어요.

"그거 내가 해 볼래."

"괜찮아, 꼬맹이. 너 델까 봐 내가 하는 거야."

"치! 못 믿는 거면서."

"믿으면 그냥 라면 하나 끓여 오라고 시켰겠지, 언니가 여기서 이러고 있겠니? 기다려. 면발 고수가 되려면 시간이 필요해."

"왜 가만히 안 두고 그렇게 하는 거야?"

"뜨거운 물에 푹 담가 두지 않고 면을 찬 공기와 닿게 해서 면발 바깥쪽을 수축시키는 거야. 그럼 식감이 어떨까요, 박채완?"

"쫄깃?"

"빙고! 쫄깃한 면발이 만들어지지. 자, 이제 꺼낼 거야."

"누나, 아직 안 익은 것 같은데?"

"나는 꼬들꼬들한 라면 좋아해."

작은누나의 말에 나도 별생각 없이 이어서 대답했어요.

"나도!"

가끔은 누나들이랑 같다는 것이 그냥 좋을 때가 있어요. 우리 삼 남매가 오랜만에 통일된 의견을 보였어요. 억지스러운 면이 없지 않지만 말이죠.

3분을 맞추어 둔 타이머가 시끄럽게 울렸어요. 작은누나가 알람을 껐고, 큰누나는 가스 불을 껐어요.

"포털사이트 시계에 티켓 예매용, 기차 예매용 시계 말고 라면을 위한 타이머가 하나 더 있어야 한다고 생각해!"

"동감이야."

작은누나의 거창한 발언에 큰누나가 맞장구를 쳤어요. 누나들이 하는 말이 무슨 얘긴지 알아듣기 어려웠지만 그냥 넘어가기로 했어요. 나는 지금 라면이 가장 중요해요. 누나들이 알려 주는 대로 차근차근 끓이다 보니, 진짜 맛 좋은 라면에 대한 열정이 솟기 시작했어요.

큰누나는 대접에 라면을 다 건져 냈어요. 국물은 아직이에요. 맛있는 라면 국물을 완성하려면 약간의 과정이 더 필요해요.

라면 면발이 꼬불꼬불한 이유

라면 면발은 꼬불꼬불해요. 왜 그럴까요? 면발을 꼬불꼬불하게 곡선으로 만들면 직선으로 만든 면발에 비해 쉽게 부서지지 않아요. 일자 모양으로 만들어진 국수나 파스타 면은 끊어지지 않게 조심히 다루어야 하지만요. 펴면 똑같은 길이라도 곡선 면발이 일자 면발에 비해 면적이 줄어드니 포장하기도 쉽겠죠? 꼬불꼬불한 면발은 더 빨리 익고 양념도 더 빨리 배는 효과도 있어요. 펴지 않은 곡선 면발의 길이와 일자 면발의 길이가 같을 때 곡선 면발의 면적이 더 넓어요. 펴면 곡선 면발이 더 기니까요. 면적이 넓으면 물에 닿는 공간이 많아져서 면발이 빠르게 익고 양념도 더 잘 배는 거지요. 북한에서는 면의 형태 때문에 라면을 '꼬부랑 국수'라고도 불러요.

라면 한 봉지 속 면발의 길이는 약 50미터예요.

더 간단하게, 컵라면

　세계 최초 컵라면은 누가 만들었을까요? 이것 역시 인스턴트 라면을 처음 개발한 안도 모모후쿠가 1971년에 만들었어요. 사업상 만난 미국 사람들이 라면을 부수어 종이컵에 넣고 뜨거운 물을 부어 먹는 장면을 보고 아이디어를 얻었다고 해요. 최초의 컵라면은 '컵누들'이라는 이름으로 세상에 나왔는데, 물을 붓고 2분가량 지나면 바로 먹을 수 있는 컵라면의 매력에 많은 사람들이 열광했어요. '끓인 물만 있으면, 언제 어디서나!'라는 광고 문구로 오늘날도 일본 컵라면 업계 1위를 지키고 있어요. 컵라면은 뜨거운 물을 용기에 부으면 금세 익어야 해서 면발이 얇은 편이에요. 우리나라 컵라면 가운데도 유독 얇은 면을 특징으로 하는 제품들이 있어요.

우리나라 컵라면 역사

우리나라에서는 1972년 3월 삼양식품에서 처음 컵라면을 출시했어요. 1976년에는 컵라면 자동판매기를 선보이기도 했어요. 이 무인 판매기는 명동 미스코시 백화점, 삼양식품 가맹점, 그랜드제과, 경희대학교와 이화여자대학교 입구에 있었어요.

1980년대 이후 다른 식품 회사에서 다양한 컵라면을 출시했는데, 이때 탄생한 컵라면은 수십 년이 지난 지금도 사랑받고 있어요. 크기도 다양하게 만들고 있고요. 편의점에서 컵라면을 먹을 수 있게 되면서부터는 라면 전체 판매량에서 컵라면이 차지하는 비중이 아주 높아졌어요.

1980년대 컵라면 자동판매기

컵라면 용기는 무엇으로 만들까요?

  최초의 컵라면 용기는 '발포 스티롤'이라는 소재로 만든 것이었어요. 발포 스티롤은 가벼우면서도 물체와 물체 사이에 열이 서로 통하지 않도록 막는 성질이 있어서 용기 안의 뜨거운 열이 빠져나가지 않게 해요. 하지만 너무 두꺼워서 식품 용기로 사용하기에 적합하지 않았지요. 최초의 컵라면을 만든 안도 모모후쿠는 미국의 한 회사와 손잡고 두께가 얇은 라면 용기를 만드는 데 성공했어요.

  발포 스티롤이 인체에 해로운 영향을 줄 수 있다는 논란이 있지만, 식품의약품안전처는 라면에 뜨거운 물을 부어 익힌 다음 바로 먹는다면 환경 호르몬이 발생할 위험이 적다는 입장을 내놓고 있어요. 하지만 컵라면 용기에 물을 부은 뒤 10분 이상 두거나 전자레인지에 돌리면 환경 호르몬 의심 물질이 나와 건강에 나쁜 영향을 끼칠 수 있어요. 요즘은 발포 스티롤 대신 종이를 이용한 용기가 늘고 있어요.

"지금부턴 더 빨리 해야 해!"

큰누나의 손길이 바빠졌어요.

"맞아. 라면이 많이 붇지 않는다 해도 일단 꺼내 둔 거니까. 최대한 빨리 국물을 만들어야 해."

식탁 앞을 서성이고 있던 작은누나도 거들었어요. 나는 슬그머니 뒤로 물러났어요. 아무래도 나보다 라면 고수인 누나들이 빠를 테니까요. 작은누나는 팔팔 끓는 라면 국물에 미리 풀어 둔 달걀 물을 넣었어요. 그리고 젓가락으로 휘휘 저었어요.

"너무 젓지 말고, 적당히."

"언니, '적당히'가 제일 어려운 거 알지?"

"나는 달걀프라이가 좋은데."

내가 이렇게 말하자 또 작은누나가 대꾸했어요.

"프라이는 튀기는 거지. 이건 라면이야. 라면에 달걀을 튀길 순 없겠지?"

이제 큰누나가 대파를 넣었어요. 송송 썰어 넣은 대파의 향이 국물에 쫙 퍼지며 맛있는 냄새가 풍겼어요. 냄비 안에서 달걀과 대파가 익어 갔어요.

나는 라면 안에 달걀이 통째로 들어 있어서 노른자를 탁 터뜨리면 퍼지는 상태가 좋아요. 하지만 지금은 어쩔 수 없죠, 뭐.

"햄이랑 떡도 있으면 좋겠는데······."

── 국물 만드는 법 ──

1. 끓고 있는 국물에 달걀 물을 붓는다.

2. 젓가락으로 휘휘 젓는다.

3. 썰어 놓은 대파를 넣는다.

4. 완성된 국물을 미리 건져 놓은 라면 그릇에 붓는다.

"그건 절대 안 될 말씀!"

작은누나의 단호한 말에 큰누나도 거들었어요.

"맞아! 그건 라면에 대한 예의가 아니라고. 가장 단순한 라면이 맛있는 거야."

"알았어."

작은누나가 큰누나에 이어 또 한마디 거들었어요.

"너, 라면 봉지 뒷면 조리법에 햄이랑 떡 있는 거 봤어?"

"아니."

"맞아, 바로 그거야! 라면은 그런 음식이야!"

"알았다고!"

알았다고 대답은 했지만, 사실 나는 궁금했어요. 다양한 라면의 세계가 말이에요.

라면에 진심인 누나들 심부름을 하다 보니 여러 종류의 라면들을 알게 되었어요. 어떤 라면 포장지 뒷면에는 '먹는 방법'이 친절하게 안내되어 있어요. "파나 김치 또는 불고기, 햄, 소시지를 곁들여서 먹으면 더욱 맛이 좋습니다."라고 쓰여 있던 라면 봉지가 생각나요. 이 가운데 파와 김치는 지금도 우리가 라면을 먹을 때 궁합이 훌륭한 음식으로 꼽는 것들이에요.

사실 엄마와 아빠, 이모도 각자 취향에 맞게 여러 가지 재료를 넣어서 끓이거든요. 엄마는 '치즈 듬뿍 새우 라면', 아빠는 '청양고추 콩나물 라면', 이모는 '크림소스 미나리 라면'을 좋아해요. 이다음에 라면 고수 둘이 없을 때 혼자서 라면을 끓이게 된다면 다 시도해 볼 거예요.

치즈 듬뿍 새우 라면은 물에 수프를 넣을 때 새우를 함께 넣어서 새우 맛이 충분히 우러나도록 조리하는 거예요. 라면이 다 끓으면 체더치즈 두 장을 얹어서 라면을 두세 젓가락 떴을 때 국물에 치즈의 풍미가 느껴지도록 해요. 청양고추 콩나물 라면은 라면 봉지 뒷면에 있는 그대로 라면을 끓이되 콩나물과 청양고추를 적당할 때 넣어서 맛이 우러나도록 하는 거예요. 크림소스 미나리 라면은 올리브오일에 마늘, 양파, 버섯, 베이컨 등을 볶다가 크림소스를 넣은 다음 미리 끓여 건져 둔 라면을 넣고 미나리를 얹어 익혀요.

내가 요리 천재 같지요? 포털사이트에 검색 몇 번만 하면 아주 친절한 라면 요리법들을 찾을 수 있어요. 게다가 주재료가 라면인걸요. 집 앞 편의점에서나 마트에서나 어디에서나 손쉽게 구할 수 있는 재료잖아요.

나는 누나들 때문에 일단 양보했지만, 다음엔 꼭 이것저것 몽땅 들어간 특별한 라면을 끓일 거예요. 지금은 잠시 한발 양보. 한쪽에 미리 건져 둔 면발에 달걀과 대파를 넣어 만든 국물을 붓자 라면이 완성되었어요. 누나들 취향의 완벽한 라면이요!

미디어로 퍼져 나가는 라면

'짜파구리', '불닭 챌린지' 같은 말을 들어 보았을 거예요. '짜파구리'는 '짜파게티'와 '너구리'라는 라면을 섞어 만든 건데, 1990년대부터 이미 소비자들 사이에 라면 조리법으로 공유되던 메뉴였어요. 2013년 한 텔레비전 프로그램에서 출연자들이 '짜파구리'를 끓이면서 유행이 되었는데, 2019년 영화 〈기생충〉에 '짜파구리'가 등장하면서 또 한 번 큰 인기를 끌었어요. 영국에서 열린 런던아시아영화제에서는 〈기생충〉을 홍보할 때 가방에 짜파구리 세트를 담아서 주었어요. 미국 뉴욕에 자리한 인기 있는 식당에서는 스테이크와 곁들인 미국식 짜파구리를 높은 가격에 판매하기도 했고요. 그러다가 2020년에는 아예 '짜파구리'라는 신제품이 출시되기도 했어요. '불닭볶음면'은 특유의 매운맛 때문에 많은 사람들이 각종 미디어를 통해 챌린지를 했어요. 세계 곳곳의 소비자들이 매운맛뿐 아니라 챌린지에 도전하는 즐거움 때문에 '불닭볶음면'을 즐겨요.

라면에는 우리나라 대표 음식이 숨어 있어요

　라면은 한국의 음식 문화를 반영해요. 짜장 라면, 짬뽕 라면, 비빔 라면, 미역 라면, 부대찌개 라면 등 한국인이 좋아하는 음식이 라면으로 만들어져 있어요. 면도 밀로 만든 면 외에 감자로 만든 면, 쌀로 만든 면 등으로 다채롭고요, 맛도 매운 정도에 따라 순한 맛, 매운맛 등으로 출시되어 있어요. 추가한 재료에 따라 떡 라면, 새우 라면, 김치 라면 등으로 불리기도 합니다. 국물을 무엇으로 우려냈느냐에 따라 사골 육수 라면, 닭 육수 라면, 소고기 육수 라면, 멸치 육수 라면 등이 되고요. 라면의 종류만 봐도 한국 사람들이 얼마나 라면을 즐겨 먹는지 알 수 있겠지요?

　이렇듯 다양한 라면 종류를 자랑하듯, 라면 특화 편의점이 생기기도 했어요. 우리나라에서 출시되는 온갖 라면들을 갖추고 있어서 외국인 관광객들이 한국 문화를 엿보려고 찾기도 해요.

2023년에 문을 연 라면 특화 편의점. 국내에서 출시된 웬만한 라면을 맛볼 수 있어요.

다른 나라에도 라면이 있다고?

라면이 우리나라에만 있는 건 아니에요. 세계 곳곳에서 무척 다양한 라면이 판매되고 있는데, 라면에는 각 나라의 음식 문화가 반영되어 있어요.

중국 및 홍콩
인구가 많은 만큼 전 세계에서 라면을 가장 많이 소비하고 있어요. 소고기 육수에 다섯 가지 향신료(회향, 계피, 정향, 귤피, 팔각)로 맛을 낸 라면이 가장 많아요. 밀로 만든 면 외에 쌀국수와 당면으로 만든 제품도 많아요. 홍콩에서는 해산물 맛의 국물이 인기 있어요.

일본
라면이 시작된 나라로, 쇼유 라멘, 시오 라멘, 미소 라멘, 돈코츠 라멘 등 그 종류도 다양해요. 돼지 육수, 닭 육수, 생선 육수에 간장을 섞은 국물이 많고요. 가정에서 먹을 때엔 돼지고기를 양념에 조린 차슈나 죽순을 데쳐서 소금에 절인 멘마 등을 얹어 먹기도 해요.

인도네시아
인도네시아에는 여러 가지 채소와 고기, 해산물, 달걀 등을 면과 함께 볶은 전통 요리 '미고렝'이 있어요. 일종의 비빔 볶음면인데, 이 미고렝이 인스턴트 라면으로 만들어져 판매되고 있어요. 인도네시아 사람들은 국물이 있는 라면보다 이런 볶음면을 더 좋아한다고 해요.

베트남
베트남은 한 해 동안 1인당 라면을 많이 먹는 나라로 우리나라와 1, 2위를 앞다투고 있어요. 쌀로 만든 국수에 뜨거운 육수를 붓고 고명을 얹어 먹는, 베트남 전통 음식 쌀국수를 인스턴트 식품으로 만들어 판매해요. 새우 맛과 향이 나면서 신맛이 나는 라면도 인기 있어요.

네팔
네팔에는 면에 양념이 되어 있는 라면과 면에 양념이 되어 있지 않은 라면, 두 가지 종류가 있어요. 양념이 되어 있는 면에 닭이나 채소로 국물을 낸 라면이 인기 있어요.

노르웨이
한국 출신 사업가가 '미스터 리'라는 브랜드로 라면을 생산하고 판매하고 있어요. 1980년대 후반 시작된 이 브랜드는 노르웨이 라면 시장의 80% 이상을 차지하고 있어요.

영국
1970년대 중반 영국인 골든 원더가 컵라면 브랜드 '팟 누들'을 만들었어요. 다양한 맛의 제품들이 있어요.

라면 완성!

우리는 그사이 냉장고를 뒤져 잘 익은 배추김치와 파김치를 꺼내 두었어요.

어릴 때 궁금했던 게 한 가지 있어요. 어른들이 신맛이 확 올라오는 묵은지를 보면 이렇게 말하는 거예요.

"라면에 먹으면 맛있겠다!"

라면 맛을 모를 땐 그게 정말 궁금했어요. 이제는 알아요. 작년 김장 때 담근 묵은지, 잘 익은 파김치, 총각김치 같은 것들이 얼마나 라면과 잘 어울리는지 말이에요.

우리는 아주 바쁘게 움직여 라면 3인분을 끓였고, 세 개의 그릇에 잘 나누어 담았어요. 세상에서 가장 바쁜 5분이었어요.

식탁에는 세 개의 라면 그릇이 있고, 김치가 담긴 접시가 가운데 있어요. 아직 매운 음식을 잘 먹지 못하는 나를 위해 누나들이 물을 따라 놓은 커다란 컵도 하나 있고요.

치즈를 좋아하는 큰누나는 라면 그릇 위에 체더 슬라이스 치즈 한 장을 올렸어요. 그러고는 치즈와 라면 국물을 막 섞지 않고 아주 조심히 경건한 자세로 젓가락을 놀렸어요. 라면의 면발과 늘어나는 치즈가 한 번에 입안으로 쏙 들어가게 말이지요. 그것 역시 맛있어 보였어요.

나는 닭볶음탕에 있는 대파는 다 건져 내지만 라면 국물에 동동 떠다니는 대파는 다 건져 먹어요. 이상하게 맛있어요. 김치찌개를 먹을 때 배추의 이파리 부분은 안 먹지만, 라면을 먹을 땐 김치의 어느 부분도 빼놓지 않고 다 먹어요. 총각김치도 먹고 파김치도 먹어요.

"라면은 정말 김치를 먹게 하는 힘이 있어!"

"그러게. 박채완이 라면 먹을 땐 김치를 저렇게 잘 먹는단 말이지. 그건 먹을 수 있다는 얘기야. 평소에도 편식하지 말고 잘 좀 먹어 봐."

"흥!"

작은누나 말은 칭찬인지 핀잔인지 알아들을 수 없는 미묘한 힘이 있어요.

큰누나는 면을 다 건져 먹고서는 밥을 세 숟갈 말았어요. 그러고는 크게 한 입 떠서 그 위에 파김치 한 가닥을 올렸어요.

"라면 국물은 다이어트의 적인데, 참을 수가 없다!"

"우유랑 마시면 괜찮아."

작은누나의 말에 큰누나가 이어서 라면에 대한 지식을 풀어놓았어요.

"양파도 넣으면 라면 기름기를 없애 준다는데, 내 입맛엔 별로더라고."

누나가 입을 아 벌리고 한 숟갈을 먹는데 라면 면발을 먹던 내 입에도 침이 고였어요. 나도 라면에 밥을 말아 먹으려고 서둘렀어요. 후루룩, 후루룩.

삼 남매표 라면 끓이기

　누나들 때문에 양보했지만, 나는 사실 이것저것 많이 들어간 라면이 좋아요. 전에 무인 라면 가게에서 라면을 끓여 먹을 때 아빠가 말했어요. 콩나물 넣은 라면이 좋다고요. 아, 라면 기계로 끓인 라면을 좋아했던 것 같기는 해요. 나는 그때 햄이랑 치즈를 넣어 먹었고, 아빠는 콩나물과 떡을 넣어 먹었어요.
　누나들은 내가 아직 덜 컸대요. 라면을 먹을 줄 모른대요. 아빠는 이런 나에게 핀잔을 주지 않고, 오히려 내가 뭘 좋아할지 탐구하는 편이에요. 그래서 나는 아빠와 무인 라면 가게에 가는 게 좋아요. 거기에 가면 그날 기분 따라 나만의 특별한 라면을 만들 수도 있고, 아빠와 조용히 이런저런 얘기도 나눌 수 있어요. 아, 누나들 참견 없이요. 그때 나누는 이야기들 가운데 대부분은 누나들 이야기라는 건 정말 비밀이에요.

삼 남매표 라면 끓이는 법

- 주재료: 라면 1개, 달걀 1개, 대파 조금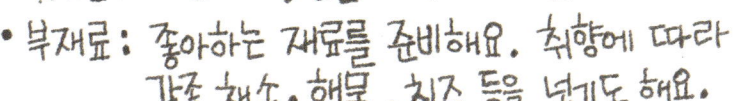
- 부재료: 좋아하는 재료를 준비해요. 취향에 따라 각종 채소, 해물, 치즈 등을 넣기도 해요.

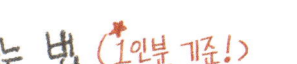

- 만드는 법 (1인분 기준!)

- 냄비에 물 550ml를 받아 끓여요.
- 물에서 김이 모락모락 올라오면 건더기 수프를 넣어요.
- 물이 팔팔 끓어오르면 분말 수프를 넣어요.
- 국물에 분말 수프가 다 퍼지고 부르르 끓어오르면 면을 넣어요. (*물이 튀지 않게 조심!)
- 집게로 면을 들어 올렸다 내렸다 하면서 익혀요. (면발이 쫄깃쫄깃!)
- 작은 그릇에 달걀을 풀고 한쪽에 대파를 송송 썰어 두어요. (*면을 꺼낸 다음에 해도 됨)
- 면을 넣고 3분이 지나면 면을 건져 그릇에 따로 담아 두어요.
- 끓고 있는 국물에 달걀 물을 붓고, 젓가락으로 휘휘 저어요.
- 썰어 놓은 대파를 넣어요.
- 완성된 국물을 건져 둔 라면 그릇에 부어요.
- 함께 먹을 김치를 준비해요.

자료 저작권 목록

22쪽 삼양식품 제공

44쪽 삼양식품 제공

53쪽 나이스경제 제공

놀라운 한 그릇 ❺
라면 공부책
처음 펴낸 날 2024년 10월 30일 세 번째 펴낸 날 2025년 8월 20일

글 정원 그림 박지윤
편집 오지명, 박진희 디자인 효효스튜디오 마케팅 이선경
펴낸이 이은수 펴낸곳 초록개구리 출판등록 2004년 11월 22일 (제300-2004-217호)
주소 경기도 고양시 덕양구 향동로 217 KB동 622호(향동동, DMC 플렉스데시앙)
전화 02-6385-9930 팩스 0303-3443-9930
인스타그램 www.instagram.com/greenfrog_pub
제조국 대한민국 사용연령 8세 이상

ISBN 979-11-5782-306-2 74380 ISBN 979-11-5782-076-4(세트)